8° F Pièce
5247

MINISTÈRE DE LA GUE

AÉRONAUTIQUE

École de Tir aérien de Cazaux

INSTRUCTION

du 1er décembre 1916, mise à jour au 6 septembre 1917

Réglant l'Emploi de la Main-d'Œuvre féminine

DANS LES

CORPS DE TROUPE, DÉPOTS ET SERVICES

Pièce

8 F
5247

BORDEAUX
IMPRIMERIE GOUNOUILHOU
9-11, RUE GUIRAUDE, 9-11

1917

MINISTÈRE DE LA GUERRE

AÉRONAUTIQUE

École de Tir aérien de Cazaux

INSTRUCTION

du 1er décembre 1916, mise à jour au 6 septembre 1917

réglant l'Emploi de la Main-d'Œuvre féminine

DANS LES

CORPS DE TROUPE, DÉPOTS ET SERVICES

ARTICLE PREMIER. — La présente instruction s'applique à l'emploi du personnel féminin dans les corps de troupe, dépôts et services.

Le personnel féminin des établissements de l'Etat, quelle que soit la date de son embauchage, qui est actuellement soumis aux dispositions du décret du 26 février 1897 restera soumis à ces dispositions.

Quant au personnel féminin des divers établissements militaires dépendant du ministère de la Guerre qui sera embauché à une date postérieure au 1er septembre 1917, il sera, dans tous les cas, soumis au régime de la présente instruction.

Le personnel féminin qui a été embauché sous le régime de l'instruction du 1er décembre 1916, quel que soit l'établissement où il travaille, restera soumis à ce régime et bénéficiera des avantages résultant des modifications ci-après.

Les infirmières temporaires des hôpitaux militaires sont régies par un statut spécial.

ART. 2. — Dans tous les corps de troupe, dépôts et services de la zone de l'intérieur, qu'ils soient placés sous les ordres des généraux commandant les régions ou relèvent directement de l'autorité du Ministre, tout travail pouvant être effectué par une femme et confié actuellement à un militaire [1] devra désormais être exécuté par le personnel féminin dans la limite des possibilités de recrutement de ce personnel.

La même disposition sera appliquée dans la zone des armées en ce qui concerne les corps de troupe, dépôts et services ne relevant pas du général commandant en chef, et pour ceux qui relèvent de cet officier général, dans les conditions qu'il fixera.

Seront seuls exceptés de cette règle :

1º Un certain nombre d'emplois qu'il est nécessaire de réserver à des hommes, dans les limites qui seront déterminées par le Ministre, pour permettre d'alimenter les formations de la zone des armées ;

2º Les emplois qui ne peuvent être attribués à des femmes pour des raisons de bienséance.

Les dispositions des articles ci-après ne s'appliquent pas aux femmes employées par les maîtres ouvriers, qu'il s'agisse des femmes exécutant les travaux qui pouvaient être confiés à la main-d'œuvre civile ou de celles recrutées en remplacement de la main-d'œuvre militaire due à ces maîtres ouvriers. Les unes et les autres sont directement embauchées par les maîtres ouvriers et employées par eux aux conditions fixées par les lois et règlements de droit commun relatifs au travail, sous réserve de l'observation des prescriptions particulières édictées par l'instruction ministérielle du 2 avril 1912 et ses modifications subséquentes, notamment par les circulaires en date des 19 et 29 août 1916, nos 20688 5/5 et 8488 1/5.

Art. 3. — Pour l'application de la présente instruction, le personnel féminin déjà employé ou susceptible d'être employé dans les corps de troupe, dépôts et services, est subdivisé en catégories ainsi déterminées :

1º Dames surveillantes et employées principales de bureau ;

2º Secrétaires rédactrices et secrétaires comptables ;

3º Sténo-dactylographes et calligraphes ;

[1] A l'exception des emplois confiés aux engagés spéciaux.

4º Dactylographes et standaristes ;

5º Secrétaires copistes et téléphonistes ;

6º Contremaîtresses, chefs d'atelier ou d'équipe ;

7º Ouvrières et manutentionnaires de toutes professions (manutentionnaires, cuisinières, lingères, laveuses, femmes de service, etc.) (¹).

Recrutement du personnel féminin.

ART. 4. — En principe, le recrutement du personnel féminin sera opéré directement par les chefs de corps (²) et de service.

Toutefois, dans les chefs-lieux de région de corps d'armée (³), le recrutement du personnel féminin sera assuré par les soins du bureau de recrutement, qui provoquera et centralisera les demandes d'emploi formulées par les femmes et donnera satisfaction aux besoins des corps de troupe, dépôts et services de la place.

Les chefs de corps et de service des autres places de la région transmettront au bureau de recrutement du chef-lieu de la région les demandes d'emploi qu'ils auront reçues et auxquelles ils n'auraient pu donner satisfaction. Inversement, les corps et services de la région qui n'auraient pu recruter eux-mêmes, par leurs propres moyens, le personnel féminin nécessaire à leurs besoins, s'adresseront au bureau de recrutement du chef-lieu de la région pour se procurer le personnel qui leur fera défaut (⁴).

Dans les places de la région autres que le chef-lieu et principalement dans les garnisons importantes, le bureau

(¹) Pour le recrutement des infirmières donnant leurs soins aux malades des infirmeries régimentaires, des instructions spéciales seront données par le sous-secrétariat d'État du Service de Santé ; le personnel féminin d'exploitation de ces infirmeries est régi par la présente instruction.

(²) Y compris les commandants de dépôts.

(³) Et dans l'Afrique du Nord, dans les chefs-lieux de division.

(⁴) Dès la mise en vigueur de la présente instruction, les différents corps, dépôts et services de toutes les places de la région (chef-lieu compris) feront connaître au bureau de recrutement du chef-lieu de la région toutes les demandes d'emploi par eux reçues jusqu'à ce jour qui n'auraient pas encore pu recevoir satisfaction, ainsi que toutes leurs offres d'emploi non satisfaites.

de recrutement de la **place pourra** être chargé par le général commandant la région de la centralisation des demandes et du placement du personnel féminin dans les corps, dépôts et services de la place.

Les offres d'emploi seront faites au moyen d'insertions dans les journaux, d'affiches et du concours que peuvent offrir, à cet égard, aux autorités militaires les offices publics ou services publics de placement qui existent notamment dans toutes les préfectures, ainsi que les associations de placement d'un caractère privé.

Les demandes formulées par les postulantes spécifieront les corps, dépôts ou services dans lesquels celles-ci désirent être employées, soit par l'indication d'un ordre de préférence, soit par la désignation expresse des corps, dépôts ou services de leur choix.

ART. 5. — Les demandes ne seront acceptées qu'après une enquête sommaire faite par la gendarmerie sur la moralité et la situation de famille de la postulante.

Les candidatures des femmes de nationalité alliée seront admises.

En principe, et sauf exceptions dûment justifiées, le chef de corps ou de service, ou le commandant de recrutement, devra exiger des postulantes une déclaration constatant qu'elles n'ont pas travaillé depuis trois mois au moins dans un établissement ou service de l'État. Les candidatures des femmes qui auraient travaillé depuis moins de trois mois dans un établissement ou service de l'État, ou qui y travaillent encore, ne pourront être admises que si elles produisent un consentement écrit de l'administration qu'elles ont quittée ou qu'elles se proposent de quitter.

Les dames ayant déjà travaillé dans un établissement ou service de l'État ne pourront être embauchées sans que le chef du nouvel établissement se soit enquis des causes pour lesquelles l'employée a quitté son précédent emploi.

ART. 6. — Les dames sollicitant un emploi de « secrétaire rédactrice, de secrétaire comptable, de sténo-dactylographe, de calligraphe, de secrétaire copiste, de standariste ou de téléphoniste » doivent subir un examen dont le programme est indiqué à l'annexe n° 2 de la présente instruction.

Les épreuves seront subies soit au bureau de la place, soit au bureau de recrutement, dans les villes où ce bureau est chargé de la centralisation des demandes, devant une commission composée de trois officiers qui seront désignés par le commandant d'armes; des correctrices peuvent être adjointes aux examinateurs avec voix délibérative; elles sont désignées, le cas échéant, comme les autres membres du jury et prises dans le personnel en service dans la place ou parmi les personnes compétentes dont le concours gracieux serait acquis.

Seront de plein droit dispensées des épreuves autres que celles de sténographie et de dactylographie, les candidates pourvues soit d'un diplôme de l'enseignement supérieur ou secondaire, soit du brevet supérieur de l'enseignement primaire. Pour les emplois de secrétaire copiste, le brevet élémentaire de l'enseignement primaire ou le certificat d'examen passé devant les associations agréées par le Ministre conféreront la même dispense.

Le jury d'examen délivre aux candidates qui subissent avec succès les épreuves un certificat d'aptitude à l'emploi postulé. Ce certificat ne confère aux intéressées aucun droit à être pourvues à une époque quelconque de l'emploi qui y est visé.

ART. 7. — Les chefs de corps ou de service peuvent choisir parmi les postulantes pourvues du brevet d'aptitude prévu à l'article précédent les candidates de leur choix. Ils doivent toutefois donner, autant que possible, la préférence aux parentes des militaires tués, retraités ou réformés n° 1 au cours de la guerre actuelle (femmes, mères, filles ou sœurs) et, à leur défaut, aux femmes des mobilisés ou aux réfugiées.

ART. 8. — L'admission définitive aux emplois des 3e, 4e, 5e et 7e catégories ne sera prononcée qu'après une période d'essai payée de quinze jours, qui pourra être prorogée d'une nouvelle période d'égale durée.

L'admission définitive aux fonctions des 2e et 6e catégories sera subordonnée à un stage également payé de deux mois.

Le passage d'une catégorie d'emploi dans une catégorie

inférieure pourra toujours être prononcé en cours d'essai ou de stage avec l'agrément de la postulante.

En tout état de cause, l'admission à la période d'essai ou au stage sera subordonnée à une visite médicale passée par un médecin de l'administration, ayant pour but de constater que la postulante n'est atteinte d'aucune maladie contagieuse ni d'aucune infirmité qui la mettrait hors d'état de remplir l'emploi qu'elle sollicite.

En cas d'échec à la suite de la période d'essai ou de stage, la postulante pourra être admise à subir une seconde et dernière épreuve dans un autre corps ou service.

Toute employée ou ouvrière définitivement admise devra déclarer par écrit avoir pris connaissance de la présente instruction et en accepter toutes les dispositions.

Les employées ou ouvrières sont autorisées à porter en tout temps, au bras gauche, un brassard à fond blanc portant indication du corps ou service auquel elles sont attachées. Le port de ce brassard n'est pas obligatoire.

Durée du travail.

Art. 9. *Personnel de bureau.* — Les heures de travail par semaine sont fixées à raison de sept heures et demie en principe pendant six jours, sauf pour les standaristes dont la durée normale de travail journalier est fixée à sept heures.

Un jour de repos complet par semaine est laissé à chaque employée et est fixé en principe au dimanche. Exceptionnellement, le repos peut être pris en deux demi-journées si les nécessités du service l'exigent.

Personnel autre que le personnel de bureau. — Neuf heures par jour, avec une journée ou deux demi-journées de repos par semaine.

Néanmoins, le personnel féminin pourra être astreint, en cas de nécessité de service, à des heures supplémentaires rémunérées comme il est indiqué à l'article 13, sans que la durée totale du travail puisse excéder dix heures par jour.

En raison de la nature de certains travaux ou sur le désir des intéressées, — et, dans ce cas, à la condition qu'il n'en résulte pas de gêne pour le service, — des femmes pourront être employées par demi-journées ou pour un certain nombre d'heures par jour.

ART. 10. — Le travail à la tâche pourra être adopté pour certains travaux, dans les limites de durée de travail journalier spécifiées ci-dessus.

Chaque chef de corps ou de service fixe les heures de présence des employées et des ouvrières.

Salaires.

ART. 11. — Pour chacune des catégories et professions énumérées à l'article 3, le salaire sera fixé pour chaque place par le général commandant la région ([1]), sous réserve de l'homologation ministérielle prévue à l'alinéa 4 du présent article.

Ce salaire comporte un taux minimum et un taux maximum, dont les quotités seront déterminées d'après les salaires normaux payés dans chaque place pour des emplois similaires des autres administrations publiques, du commerce et de l'industrie, le maximum de salaire d'une des catégories énumérées ci-dessus pouvant, bien entendu, être supérieur au minimum de la catégorie précédente. Les taux des salaires à la tâche seront également déterminés dans chaque place d'après les prix normaux payés pour des travaux de même nature.

Pour la fixation des salaires, le général commandant la région provoquera, dans chaque place, la réunion d'une commission instituée par les soins du commandant d'armes, qui comprendra les chefs de corps et de service de la place. Cette commission devra faire procéder à une enquête, notamment auprès des autorités préfectorales, de l'inspection du travail, des commissions chargées de l'établissement des bordereaux de salaires, des associations ouvrières, etc.

Il sera procédé annuellement, à la date du 1er janvier, à une revision des salaires minimum et maximum de chaque catégorie ou profession, pour tenir compte des variations du cours des salaires. Les revisions annuelles, opérées dans les mêmes conditions, seront également soumises à l'homologation ministérielle.

([1]) Les pouvoirs conférés par la présente instruction aux généraux commandant la région ou la subdivision et aux directeurs régionaux seront exercés par le Ministre pour les services qui relèvent directement de son autorité.

Lorsqu'il sera procédé aux revisions des salaires, les représentants des employées seront entendus.

ART. 12. — L'employée ou l'ouvrière recevra, pendant la période d'essai ou de stage, le salaire minimum de la catégorie ou profession à laquelle elle appartient.

Après l'admission définitive, le chef de corps ou de service fixera le salaire de l'employée ou de l'ouvrière selon sa valeur professionnelle et les services réels qu'elle est susceptible de rendre. Elle pourra donc, dès son admission, être rétribuée à un taux supérieur au minimum du salaire de sa catégorie ou profession.

ART. 13. — Les heures supplémentaires de jour (de 5 heures à 21 heures) seront payées avec une majoration de 10 p. 100. Les heures supplémentaires de nuit (de 21 heures à 5 heures) seront payées avec une majoration de 40 p. 100.

ART. 14. — Pendant les trois mois qui suivent l'entrée en service, le travail sera rétribué à la journée, d'après les heures de présence effective ([1]).

Le payement aura lieu par semaine ou quinzaine échues pour les salaires à la journée; il aura lieu en principe à la fin du mois pour les employées et ouvrières admises à ce mode de payement : mais des acomptes pourront leur être délivrés par quinzaine.

Après trois mois de présence, tout le personnel féminin, à quelque catégorie qu'il appartienne, est payé au mois. Le traitement mensuel est égal à trente fois le salaire journalier.

ART. 15. — Dans le cas où, par suite de l'éloignement de la caserne ou du bureau, le recrutement du personnel féminin présenterait des difficultés particulières, le général commandant la région pourra accorder une indemnité

([1]) A titre exceptionnel, et par mesure provisoire, les femmes travaillant à la journée à la date du 5 juin 1917 auront droit à une demi-journée de salaire par semaine en plus du salaire afférent aux six jours de travail par semaine, afin que la mesure portant d'une demi-journée à une journée la durée du repos hebdomadaire ne diminue par leur salaire total.

spéciale en vue de tenir compte du temps nécessaire aux intéressées pour se rendre de leur domicile à la caserne ou au bureau.

ART. 16. — Dans le cas où certains corps ou services ne pourraient recruter dans la localité où ils se trouvent la totalité du personnel féminin qui leur est nécessaire, il sera fait appel à des employées ou ouvrières d'autres localités, soit en utilisant les ressources disponibles des autres villes de garnison et que le bureau de recrutement du chef-lieu de la région fera connaître aux corps ou services à pourvoir, soit en acceptant directement les demandes qui leur seront faites par des femmes d'autres localités.

Il sera attribué au personnel féminin engagé dans ces conditions et qui viendrait résider dans la ville où se trouve le corps ou service intéressé une indemnité journalière dont la quotité sera fixée par le général commandant la région. L'attribution de cette indemnité sera supprimée après un an de séjour de l'employée ou de l'ouvrière dans cette résidence.

Les femmes désirant être employées dans un corps, service ou établissement de la place où leur mari se trouve mobilisé, sont admises à concourir pour ces emplois dans les mêmes conditions que les femmes qui résident dans cette ville.

Elles n'ont pas droit à l'indemnité journalière prévue ci-dessus, mais le mari pourra être autorisé par son chef de corps à recevoir le prêt franc.

ART. 17. — En vue de faciliter le concours des femmes qui résident dans une localité autre que la ville de garnison et qui viendraient y travailler chaque jour, il sera fait, auprès des compagnies de chemin de fer ou de transports en commun, par les soins des autorités militaires locales, les démarches nécessaires pour obtenir des réductions de prix en faveur des femmes dont il s'agit.

Avancement.

ART. 18. — L'avancement est donné sous deux formes différentes :

1° Augmentation de salaire dans la même catégorie;

2° Passage à une catégorie supérieure, par exemple de l'emploi de « secrétaire copiste » à celui de « secrétaire rédactrice » ou de « secrétaire comptable »; de celle-ci à l'emploi de « surveillante » ou d' « employée principale ».

Ces deux modes d'avancement seront exclusivement donnés au choix, sur la proposition du chef de corps ou de service, par le général commandant la subdivision ou le directeur régional du service, en tenant compte seulement de la valeur de l'employée ou de l'ouvrière, du zèle qu'elle apporte à l'exécution de son travail et des services qu'elle a rendus et est susceptible de rendre.

Art. 19. — Les augmentations de salaires dans une catégorie ou profession déterminée ne pourront être accordées, en principe, qu'à des intervalles d'une année à compter de la date de l'admission définitive.

Chaque augmentation de salaire sera égale au cinquième de la différence entre le salaire minimum et le salaire maximum de la catégorie ou profession à laquelle appartient l'employée ou l'ouvrière.

En cas de services particulièrement appréciés, l'augmentation de salaire pourra être donnée après six mois, sans que la même employée ou ouvrière soit admise à bénéficier plus de deux fois de cet avancement exceptionnel.

Art. 20. — L'emploi de surveillante ou d'employée principale peut être attribué à une employée appartenant à l'une des cinq premières catégories énumérées à l'article 3, sous la seule réserve que l'employée ait un an de présence dans le corps ou service auquel elle est attachée ([1]).

Le passage de la catégorie des secrétaires copistes ou des dactylographes et sténo-dactylographes dans la catégorie des secrétaires rédactrices et secrétaires comptables pourra être prononcé après trois mois de présence dans la catégorie à laquelle appartient l'employée.

([1]) A titre transitoire et jusqu'au 31 décembre 1917, il pourra être fait choix, pour occuper l'emploi de surveillante ou d'employée principale, d'employées n'ayant pas un an de présence dans le corps ou service.

Sanctions disciplinaires.

ART. 21. — Les sanctions disciplinaires qui peuvent être prononcées contre les employées et ouvrières sont :

1º L'avertissement, qui sera prononcé par le chef de corps ou de service et confirmé par écrit;

2º La diminution de salaire, par rétrogradation à l'échelon immédiatement inférieur, qui sera prononcée, sur la proposition du chef de corps ou de service, par le général commandant la subdivision ou le directeur régional du service; cette sanction ne pourra être prise qu'à l'égard des employées ou ouvrières qui auront déjà été l'objet de trois avertissements dans une période de moins de douze mois;

3º Le renvoi définitif, qui sera également prononcé, sur la proposition du chef de corps ou de service, par le général commandant la subdivision ou le directeur régional du service; cette sanction ne pourra être prise qu'à l'égard des employées et ouvrières qui auront été l'objet de trois avertissements et d'une rétrogradation dans une période de moins de dix-huit mois. Toutefois, pour les employées et ouvrières rétribuées au salaire minimum, le renvoi pourra être prononcé après trois avertissements donnés dans une période de douze mois.

En cas de faute grave, le renvoi pourra être prononcé immédiatement par le chef de corps ou de service, qui en rendra compte au général commandant la subdivision ou au directeur régional du service.

Pour toute sanction disciplinaire, l'ouvrière ou l'employée sera entendue par l'autorité qui doit prononcer la sanction ou tout au moins sera invitée à fournir des explications par écrit.

Permissions annuelles.

ART. 22. — Le personnel féminin de toute catégorie et de toute profession a droit annuellement à une permission de huit jours, pendant laquelle le salaire sera payé, sous la réserve que ce personnel aura au moins six mois de présence.

La date de cette permission sera fixée par le chef de corps

ou de service, en tenant compte, dans la limite du possible, du désir exprimé par les intéressées. L'employée qui, au cours de l'année, a eu le moins d'absences aura un droit de priorité dans l'ordre de départ pour les vacances. Ce droit sera exercé par service. Le chef de corps ou de service pourra, en outre, accorder, pour convenances personnelles, des permissions avec suppression de salaire.

Les femmes de mobilisés, par dérogation aux dispositions qui précèdent, auront droit à des congés payés d'une durée égale à celle des permissions de détente obtenues par leurs maris. Ces congés leur seront accordés sur leur simple déclaration; mais, en vue d'une vérification, la femme devra remettre à sa rentrée, au chef de service ou d'établissement, le certificat qui aura été délivré à cet effet au mari lors du visa de sa permission.

Les congés ainsi obtenus se confondent, pour les femmes de mobilisés, avec la permission annuelle visée au paragraphe premier du présent article. Ces congés ne doivent pas s'additionner.

Repas.

ART. 23. — Toutes les femmes employées dans les corps de troupe, dépôts ou services seront admises, sur leur demande, à prendre à l'ordinaire un repas, ou les deux repas de la journée, moyennant prélèvement sur leur salaire du prix de ces repas, au taux de l'ordinaire.

Ne donnent pas lieu à retenue les repas non effectivement pris à l'ordinaire :

1º Dans le cas de force majeure, certifié par le chef de corps ou de service;

2º Quand l'intéressée aura prévenu la veille le commandant de l'unité où elle prend ses repas.

Soins médicaux.
Allocations en cas de maladie ou de couches.
Accidents du travail.

ART. 24. — En cas de maladie, l'employée ou l'ouvrière reçoit, si elle en fait la demande, les soins du médecin de l'administration du corps ou service auquel elle appartient, sous la réserve qu'elle réside dans la localité même ou dans son voisinage immédiat. Les frais pharmaceutiques restent à la charge de la malade.

Art. 25. — Les absences pour maladie d'une durée ne dépassant pas quatre jours emportent suspension complète du salaire; au delà de cette durée et sur certificat médical établi par un médecin de l'administration, l'employée ou l'ouvrière ayant plus de six mois de présence dans le corps ou service auquel elle est attachée, aura droit, à partir du cinquième jour de maladie, au demi-salaire pendant une durée maxima de trois mois.

Toutefois, pour toute maladie entraînant une absence de plus de dix jours, le demi-salaire sera payé à partir du premier jour, pendant une durée maxima de trois mois.

Pendant trois autres mois, elle pourra recevoir le quart du salaire par décision du général commandant la subdivision ou du directeur régional du service, sur la proposition du chef de corps ou de service.

Par période de douze mois à partir du premier jour de maladie, l'employée ou l'ouvrière n'aura droit au demi-salaire que pour une durée consécutive ou totalisée de trois mois au maximum, et ne pourra de même recevoir le quart du salaire que pour une durée totale de trois autres mois.

Art. 26. — L'employée ou l'ouvrière, sous la même condition de six mois de présence dans le corps ou service auquel elle est attachée aura droit, pendant la période des couches, qui comprend une durée totale de huit semaines, au salaire entier pendant quatre semaines, et au demi-salaire pendant les quatre autres semaines.

Sous la même condition, et à l'expiration des huit semaines sus-indiquées, les femmes qui voudront nourrir au sein leur enfant pourront obtenir un congé régulier de trois mois, à demi-salaire, faisant suite à la **période des couches**.

Ce congé pourra lui-même être prolongé, au **quart de** salaire, sur avis du médecin, jusqu'au sevrage de l'enfant.

Il est bien entendu que les allocations de salaire sus-visées ne pourront, en aucun cas, se cumuler avec celles prévues à l'article 25 en cas de maladie.

ART. 27. — Le personnel féminin de toute catégorie et de toute profession sera tenu d'adhérer à la législation des accidents du travail, dans les termes de la loi du 18 juillet 1907.

Cessation de travail. — Licenciement.

ART. 28. — L'employée ou l'ouvrière qui désire quitter son emploi doit en donner avis par écrit au chef de corps ou de service huit jours au, moins à l'avance si elle est payée à la journée, et un mois au moins à l'avance si elle est payée au mois.

En cas de départ sans préavis, l'employée ou l'ouvrière sera astreinte, au besoin par voie judiciaire, au payement d'une indemnité fixée conformément aux dispositions de l'article 23 du Code, du travail.

En cas de réduction d'effectif par manque de travail, les intéressées seront prévenues par écrit au moins huit jours à l'avance si elles sont payées à la journée, au moins un mois à l'avance si elles sont payées au mois.

Les licenciements seront prononcés par le chef de corps ou de service, en commençant par les femmes dont le départ sera le moins préjudiciable à l'intérêt du service. Les femmes ainsi licenciées auront un droit de priorité pour être engagées dans un autre corps ou service; elles seront donc placées en tête des listes de recrutement.

Le licenciement pourra également être prononcé par le général commandant la subdivision ou le directeur régional du service en cas d'inaptitude physique constatée par un médecin de l'administration, ou en cas d'inaptitude professionnelle constatée par le chef de corps ou de service.

Il sera payé à l'employée ou à l'ouvrière licenciée une indemnité calculée sur la base de trois jours de salaire par année de service.

Retraites : Application de la Loi
sur les Retraites ouvrières.

ART. 29. — Les employées et ouvrières seront obliga-
toirement assujetties à la loi du 5 avril 1910 sur les retraites
ouvrières et paysannes. Le versement prévu à l'article 2 de
la loi précitée sera prélevé sur leur salaire, soit 2 centimes
par jour, avec maximum de 50 centimes par mois. Le
payement des salaires aura lieu dans les conditions indiquées
par la circulaire du 5 novembre 1911, portant modification
à l'instruction A du 24 janvier 1900 (*B. O.*, P. P., p. 1449).
Les intéressées seront invitées à se faire inscrire à la mairie
de leur localité, en vue de la délivrance d'une carte d'iden-
tité et d'une carte annuelle, à l'exception de celles qui sont
déjà en possession desdites cartes. La carte annuelle devra
être déposée entre les mains des officiers trésoriers ou ges-
tionnaires où du comptable du Trésor, chargés d'assurer
le payement du salaire.

Comptabilité des payements de salaires.

ART. 30. — Les dépenses résultant de l'emploi de la
main-d'œuvre féminine seront imputées, d'après les indi-
cations de détail qui seront données à ce sujet par les différentes directions de l'administration centrale, sur les cha-
pitres du budget qui supportent normalement les dépenses
des diverses catégories de personnel civil employé dans les
états-majors, corps de troupe et établissements des divers
services.

Le payement des salaires sera effectué, dans les services
pourvus d'un agent comptable, par cet agent sur les fonds
d'avance dont il dispose; dans les états-majors et dans les
services ne possédant point d'agent comptable, par les
soins d'un dépôt ou d'un corps de troupe désigné à cet
effet par le général commandant la région et dans les mêmes
conditions que ci-après; dans les dépôts et les corps de
troupe, par les soins desdits dépôts où corps, sur les fonds
généraux de leur caisse, à charge de remboursement men-

suel des avances faites, conformément aux dispositions réglementaires sur l'administration et la comptabilité des corps de troupe.

Dans les cas exceptionnels où chacun des trois modes d'opérer sus-indiqués ne pourrait être suivi sans inconvénients, le général commandant la région autoriserait le payement par mandats individuels.

ART. 31. — Les modifications apportées à l'instruction du 1er décembre 1916, et qui font l'objet de la présente instruction refondue, seront applicables à partir du 1er septembre 1917. Toutes les employées et ouvrières actuellement en fonction devront déclarer par écrit avoir pris connaissance des nouvelles dispositions et les accepter.

Sont abrogées toutes dispositions contraires.

Les avantages consentis au personnel féminin profitent *de plano* au personnel masculin, sous réserve des dispositions qui, manifestement, ne peuvent lui être appliquées.

P. PAINLEVÉ.

ANNEXE Nº 1

POUR LA PLACE DE CAZAUX

les salaires minimum et maximum de chaque profession

sont fixés comme il suit :

INDICATION DES PROFESSIONS	SALAIRE JOURNALIER		OBSERVATIONS
	MINIMUM	MAXIMUM	
Dames surveillantes et employées principales de bureau.			
Secrétaires rédactrices et secrétaires comptables.			
Sténo-Dactylographes et calligraphes			
Dactylographes et standaristes.			
Secrétaires copistes et téléphonistes			
Contremaîtresses, chefs d'atelier et d'équipe. . . .			
Ouvrières :			
Manutentionnaires . . .			
Lingères			
Cuisinières			
Femmes de service. . .			
Laveuses			

Indemnité journalière de résidence prévue par l'article 16, alinéa 2, de l'instruction.

ANNEXE N° 2

Examen pour l'obtention
du certificat d'aptitude professionnelle.

1° *Secrétaires rédactrices.* — *a*) Composition française sur un sujet d'ordre général : durée, deux heures ; coefficient, 5 (note éliminatoire, 8) ;

b) Problème d'arithmétique : durée, une demi-heure ; coefficient, 3 ;

c) Interrogation sur les principes de l'organisation générale de la France : coefficient, 2 ; total, 10.

2° *Secrétaires comptables.* — 1° Etablissement d'un état numérique comportant une série de calculs dont les éléments sont donnés : durée, deux heures ; coefficient, 4 (note éliminatoire, 8) ;

2° Narration sur un sujet simple : durée, une heure et demie ; coefficient, 3 ;

3° Interrogation au tableau et de tête sur le calcul arithmétique : coefficient, 3.

3° *Copistes.* — 1° Dictée : coefficient, 7 (note éliminatoire, 8) ;

2° Calculs arithmétiques portant sur les quatre règles : durée, une heure ; coefficient, 3.

4° *Sténo-dactylographes.*

5° *Dactylographes.* — Les candidates doivent d'abord passer l'examen de copistes et obtenir au moins la note 12 pour la dictée examinée au seul point de vue de l'orthographe et de la ponctuation, et au moins la note 10 pour l'arithmétique.

Les candidates admises à l'examen de copistes ou dispensées de cet examen sont soumises à des épreuves pratiques ; celles d'entre elles que le jury considère comme susceptibles d'être acceptées sont classées entre elles d'après le résultat de ces épreuves.

Épreuve de sténo-dactylographie.

Cette épreuve se divise en deux parties :

1° La prise en sténographie d'une dictée;

2° La transcription à la machine à écrire.

a) *Prise en sténographie d'une dictée.* — On commencera d'abord *à lire*, pendant une minute, ou deux, un texte que les candidats ne sténographieront pas, pour les habituer à la voix du dicteur.

Puis on dictera le texte de l'examen (350 mots environ), à la vitesse de 70 mots à la minute, pendant cinq minutes.

b) *Transcription à la machine à écrire.* — Il est accordé vingt-cinq minutes pour cette transcription.

Toute transcription comportant plus de 25 fautes *sera éliminée.*

La transcription aura lieu en décomptant les fautes d'après le barème ci-après :

Mot omis ou changé........................	3 fautes.
Interversion de deux mots exacts...............	1 —
Caractère omis ou changé....................	1 —
Lettres interverties.........................	1 —
Espace manquant après un mot ou un signe de ponctuation.................................	1 —
Erreur grave de ponctuation..................	1 —
Erreur légère de ponctuation..................	1/4 —
Espace dans le corps d'un mot................	1 —
Mot ou partie de mot en trop non annulé.........	1 —
Mot écrit en majuscules au lieu de minuscules......	1/2 —
Ligne irrégulièrement commencée..............	1 —
Mauvaise rentrée des alinéas.................	1 —
Mauvaise coupure de mots à la fin des lignes.......	1 —
Faute d'orthographe........................	1 —

Les candidates ayant moins de 25 fautes et plus de 15 fautes seront acceptées avec la mention « assez bien ».

Les candidates ayant moins de 15 fautes et plus de 5 fautes seront acceptées avec la mention « bien».

Les candidates ayant moins de 5 fautes seront acceptées avec la mention « très bien ».

Épreuve de dactylographie.

Avant de commencer l'épreuve, montrer aux candidates le fonctionnement de la marque particulière de la machine mise à leur disposition et leur laisser cinq minutes pour s'exercer au maniement de l'appareil.

(Les candidates sont autorisées à apporter leur machine à écrire.)

Puis donner à copier aux candidates un texte imprimé de 300 mots environ.

Il est accordé aux candidates dix minutes pour la transcription du texte à la machine à écrire. *Celles qui n'auront pu transcrire le texte complet dans ce délai seront éliminées.*

Comme condition essentielle, la copie à la machine à écrire devra être correctement établie avec la ponctuation, les intervalles convenables entre les mots, etc.

La correction aura lieu en décomptant les fautes d'après le barème ci-après :

Un interligne en trop............................	1 faute.
Espace manquant entre deux mots..............	1 —
Espace dans le corps d'un mot	1 —
Ponctuation erronée	1 —
Erreur de frappe.............................	1 —
Mauvais alignement...........................	1 —
Mot remplacé par un autre...................	1 —
Mot omis ou mot en trop	1 —
Mauvaise rentrée des alinéas	1 —
Faute d'orthographe..........................	1 —
Espace manquant après un mot ou un signe de ponctuation..................................	1 —
Mot ou partie de mot en trop non annulé	1 —
Mot écrit en majuscules au lieu de minuscules	1 —
Mauvaise coupure des mots à la fin des lignes	1 —

Toute épreuve ayant plus de 15 fautes *est éliminée*.

Les candidates ayant moins de 15 fautes et plus de 10 fautes seront acceptées avec la mention « assez bien ».

Les candidates ayant moins de 10 fautes et plus de 5 fautes seront acceptées avec la mention « bien ».

Les candidates ayant moins de 5 fautes seront acceptées avec la mention « très bien ».

NOTA. — Pour les épreuves spéciales, le jury d'examen s'adjoint les spécialistes nécessaires.

Téléphonistes.

Les candidates téléphonistes doivent passer l'examen de copistes et obtenir à cet examen au moins la note moyenne 10.

La préférence est donnée aux candidates ayant satisfait à cet examen ou dispensées de cet examen qui justifient avoir été employées antérieurement comme téléphonistes.

Bordeaux. — Imp. GOUNOUILHOU, 9-11, rue Guiraude.

www.ingramcontent.com/pod-product-compliance
Lightning Source LLC
Chambersburg PA
CBHW070216200326
41520CB00018B/5661